Género Ficción realista

I0799051

Pregunta esencial

¿Qué nos lleva a realizar un sueño?

Limpieza de la selva

Vivienne Joseph

ilustrado por Roger Harvey

Capítulo 1
¿Una selva? 2

Capítulo 2
De verdad lo siento 5

Capítulo 3
De safari 9

Capítulo 4
¡Logro de la libertad! 12

Respuesta a la lectura 16

LECTURA COMPLEMENTARIA
Corbatas a la plancha 17
Bufanda al c u e l l o 18

Enfoque: Elementos literarios 21

Capítulo 1

¿UNA SELVA?

Miguel corrió por el corredor hacia la cocina.

—Hola, mamá, ¡ya llegué! —gritó y también le hizo señas porque su mamá era sorda.

—Hola, cariño —dijo ella mientras ponía un cartón de leche sobre la mesa—, quiero que hagas algo hoy.

Miguel se sirvió un vaso grande de leche y mordió el emparedado de mantequilla de maní y mermelada que ella le había preparado.

—¿Qué es? —preguntó Miguel.

—Bueno, primero haz tu tarea. Luego, ¿podrías limpiar tu habitación?

—¿Qué pasa con mi habitación?

—Ay, Miguel, cada día que transcurre se parece más y más a una selva —dijo su mamá—. Es un milagro que no vivan animales salvajes contigo.

Miguel mordió de nuevo su emparedado.

—Sé que hay montones de cosas por todos lados —dijo—, pero estoy seguro de que no hay animales.

“El problema es que la selva no para de crecer”, pensó él. “Ten cuidado”, se dijo a sí mismo.

Miguel estaba orgulloso del letrero que había pegado en su puerta: ANIMALES SALVAJES. ¡ENTRE CON PRECAUCIÓN! Bajo el letrero había pegado su fotografía favorita de un tigre que rugía y mostraba los dientes.

Abrió la puerta y miró alrededor: libros y papeles cubrían el escritorio, medias fugitivas se asomaban bajo su cama y sus zapatos estaban mezclados entre sus juguetes.

Su mamá dijo que su habitación era como una selva, ¿pero acaso no era él un valiente niño explorador de la selva? Y sabía dónde estaba todo… bueno, casi todo.

Miguel movió algunos papeles, abrió su mochila y hojeó el revoltijo de libros y papeles. Suspiró, sacó todo y de repente recordó la presentación del libro que debía entregar, lo que hizo que recordara el libro que había sacado de la biblioteca. El plazo de entrega debía estar a punto de vencerse, pero, ¿dónde estaba?

Miguel miró debajo de sus cosas y bajo su cama. La experiencia le había enseñado que la mayoría de las cosas terminaban allí.

Como una serpiente, Miguel se arrastró bajo la cama y, aparte de bolas de polvo, el piso estaba despejado. Se deslizaba hacia afuera cuando Juan, su hermano mayor, se asomó.

—Hola, ¿cómo va la tarea?

—¡Bien! Estoy en eso —respondió Miguel.

Juan sonrió y dijo:

—Si necesitas ayuda, estaré en mi habitación.

Miguel miró a su alrededor y suspiró, pues sabía que solo había otro lugar donde podría estar el libro de la biblioteca. Respiró profundamente y abrió la puerta de su armario con lentitud.

—Ten cuidado —se dijo a sí mismo—. Está oscuro aquí.

De repente, una pila de juegos de mesa se cayó desde la repisa superior.

"Qué suerte que pude esquivarlos", pensó Miguel mientras recogía los juegos.

Entonces, notó algo en la esquina del armario.

—¡El libro de la biblioteca! —exclamó con entusiasmo.

—¡Sí! —dijo—, pero su tranquilidad se desvaneció rápidamente cuando vio que tenía semanas de vencimiento.

AHORA COMPRUEBA

¿Por qué la habitación de Miguel es como una selva?

Capítulo 2

DE VERDAD LO SIENTO

—Muy bien —dijo su mamá la mañana siguiente mientras él practicaba su presentación.

—Finalmente la he memorizado —respondió Miguel apilando sus papeles.

—Después de clases puedes devolver el libro de la biblioteca —le sugirió su mamá.

Luego, cuando vio la fecha de vencimiento, le dijo con asombro:

—¡Este libro está increíblemente vencido hace días! Tendrás que pagar una multa muy grande.

—Lo siento, mamá —se excusó Miguel apenado.

—¡Miguel, no puedes seguir excusándote! —dijo ella—. Debes asumir la responsabilidad de organizar tu habitación.

Al llegar a la escuela, Miguel se reunió con Bruno y Luis, sus amigos.

—¿Hiciste tu parte del proyecto de ciencias? —preguntó Bruno.

—Pensé que la fecha límite era la semana entrante —contestó Miguel.

—No, es hoy —dijo Bruno.

—Tenemos problemas —dijo Luis suspirando—, pues el señor Wong no acepta entregas tardías.

—Lo siento, debiste haberme enviado un mensaje de texto —dijo Miguel.

Bruno se encogió de hombros.

—Ojalá lo hubiera hecho, pero no es mi culpa que se te olvidara.

Los tres amigos fueron a ver al señor Wong.

—De verdad lo siento, señor Wong. Es mi culpa que no hayamos terminado el proyecto —admitió Miguel.

El señor Wong miró a Miguel seriamente.

—Sé que lo sientes, pero puedes hacerlo mejor —dijo.

El niño sintió que se sonrojaba.

—Miguel, ahora que estás a punto de entrar a la escuela intermedia —continuó el maestro— debes organizarte, pues de lo contrario, te atrasarás muy pronto.

Después de las clases, Miguel le preguntó a Luis:

—Ya casi se vence el plazo para la presentación del libro, ¿cierto?

Luis elevó sus cejas.

—Es la semana entrante.

—Solo estaba verificando —dijo Miguel.

Ese día, más tarde, el señor Wong le pidió a Miguel su autorización para la excursión escolar.

—Lo siento, señor Wong, no la tengo conmigo, pero estoy seguro de que está en algún lugar de mi casa, solo tengo que encontrarla —respondió Miguel.

El maestro lo miró enfadado.

—Tienes hasta mañana en la mañana para entregarla, de lo contrario, no podrás ir con nosotros a la excursión.

Miguel empezaba a sentir que le dolía el estómago y que nada iba bien.

"Las cosas están tan mal, que no sé por dónde comenzar", pensó angustiado.

Después de la escuela, Miguel caminaba lentamente hacia el autobús en compañía de Bruno.

—Si quieres esta noche te mando un mensaje de texto para recordarte que debes traer la autorización —dijo Bruno.

—Bueno, gracias —respondió Miguel.

Pensaba que no lo olvidaría, pero primero debía averiguar dónde estaba. Debía estar en algún lugar de su habitación.

—¿Quieres venir a mi casa? —le preguntó Bruno—. Podemos ir a patinar.

Miguel quería ir, pero entonces pensó en el proyecto de ciencias sin terminar y en la autorización perdida en la selva de su habitación.

—Hoy no puedo —dijo Miguel—, pero, ¿tal vez tú puedes venir mañana?

—Mañana está bien, pero recuerda que tenemos entrenamiento después de la escuela. Tienes eso en tu agenda, ¿cierto?

Miguel no dijo nada porque hacía tiempo que no veía su agenda y no tenía idea de dónde estaba.

AHORA COMPRUEBA

¿Qué sucesos hicieron que Miguel fuera más organizado?

Capítulo 3

DE SAFARI

—Voy a preparar la merienda —dijo la mamá de Miguel cuando él llegó a casa—. ¿Cómo te fue en la presentación del libro?

—Huy, panecillos —dijo Miguel, mientras tomaba uno, lo mordía y se llenaba la boca de tal manera que no pudo responder.

Cuando terminó de comer, el niño llevó su plato a la cocina y se dirigió a su habitación.

—Bien Miguel, dame el libro de la biblioteca, lo renovaré por ti mañana y tú puedes pagar la multa con tu mesada —dijo su mamá.

—Bueno —gritó él mientras arrastraba sus pies hacia su habitación y lanzaba su mochila sobre el escritorio.

"Esto no está bien. Nada está bien", pensó.

Miró a su alrededor, pensando en la autorización extraviada, en su agenda, el libro vencido y la enorme multa de la biblioteca.

“Todo es muy difícil, la selva me está ganando”, pensó Miguel mientras se desplomaba en su cama.

—Hola, hermanito, ¿qué ocurre? —dijo Juan mientras asomaba la cabeza por la puerta.

Miguel movió su brazo indicando a su alrededor como respuesta y dijo:

—Es todo esto… esta selva de cosas por todas partes.

Juan miró el desorden.

—Lo que necesitas es organización —dijo Juan.

—¡No sé nada de organización! —gimió Miguel.

Juan golpeó su pecho como Tarzán y gritó:

—¡Hermano mayor ayuda a hermano menor!

Cuando dejaron de reírse, Juan tomó un papel y un lápiz.

—Te enseñaré cómo empezar —dijo Juan dándole ánimos a su hermano—. Empezaremos haciendo una lista. Objetivo: ser organizado. Paso uno: limpiar la habitación. Paso dos: hacer una lista de las tareas pendientes. Paso tres: escribir las fechas en la agenda. Paso cuatro: escribir un calendario y pegarlo en el tablero.

Cuando terminó, Juan dijo sonriendo:

—Parece ambicioso, pero sé que puedes lograrlo, hermanito.

—Recoger este desorden es un trabajo enorme, ¿me ayudas? —preguntó Miguel mientras respiraba profundo.

—Lo siento amigo, voy a pasear en bicicleta —respondió Juan dándole palmadas en la espalda a Miguel cuando salía.

Miguel se sentó un rato. Pensaba en los exploradores famosos que emprendían safaris en la selva.

"Puedo hacerlo", dijo en voz alta.

Había adelantado bastante cuando su mamá entró a ver cómo iba.

—¡Huy! —dijo—. Estás haciendo un muy buen trabajo, ¿necesitas ayuda?

Juntos desocuparon el clóset.

—¿Qué es esto? —preguntó su mamá al ver una hoja de papel—. Parece algún tipo de autorización.

AHORA COMPRUEBA

¿Cómo ayudó Juan a Miguel?

Capítulo 4

¡LOGRO DE LA LIBERTAD!

A la mañana siguiente, Miguel miró con satisfacción su habitación. Ya no era una selva: sus libros estaban bien ordenados en la estantería, la computadora estaba orgullosa en el centro del escritorio y, a su lado, veía su agenda y un vaso con todos sus lápices y bolígrafos. Sus cosas tampoco se caían del armario.

En la pared, Miguel había pegado su calendario en el tablero y había anotado las fechas importantes en su agenda.

Hoy tendría entrenamiento después de la escuela. Abrió el armario y tomó su mochila, pues sabía que todo lo que necesitaba ya estaba empacado.

"Necesité mucha determinación para dominar la selva", pensó. "Fue un trabajo difícil, pero definitivamente valió la pena".

Detective del lenguaje

La palabra subrayada es una conjunción copulativa. Busca otras conjunciones copulativas en esta página.

Cuando llegó a la estación del bus, Bruno y Luis ya lo estaban esperando.

—Lo siento, olvidé enviarte el mensaje —dijo Bruno.

—Está bien —sonrió Miguel mientras sacaba la autorización de su mochila.

En la escuela, el señor Wong anunció otro proyecto en grupo.

—No haré grupos nuevos esta vez —dijo—, así que quédense en los mismos de antes.

Miguel vio que Bruno y Luis se miraban y se preguntó si estarían deseando que él no estuviera en su grupo.

"Está bien, ellos no se dan cuenta de lo organizado que soy ahora", pensó.

—Haremos una tormenta de ideas en el pizarrón —dijo el señor Wong—, ¿quién tiene una sugerencia?

Miguel levantó la mano sintiéndose tan valiente como un explorador que se interna en la selva.

Ese día, más tarde, cuando el señor Wong pidió algunos voluntarios para las presentaciones de los libros, la mano de Miguel salió disparada hacia arriba.

—Esto es organización, Miguel —comentó sonriendo el maestro.

Después del entrenamiento, Bruno y Luis fueron a la casa de Miguel.

—Estaremos en la casa del árbol —le dijo Miguel a su mamá.

—En ese caso, mejor lleven provisiones.

Ella tapó un recipiente que contenía manzanas y bananas cortadas y se lo entregó.

—¡Es una verdadera selva allá afuera! —añadió riendo.

Hacía mucho tiempo que Miguel no jugaba en la casa del árbol. <u>Las ramas (cubiertas de nuevos retoños) la tenían rodeada</u>. Cuando los niños miraron hacia arriba, el viento sopló entre las hojas y pareció como si allí hubiera un animal acechando entre las ramas. Miguel tembló cuando, por un momento, pensó que había visto los ojos de un tigre que los miraba.

Miguel respiró.

—¡Vamos! —dijo justo antes de salir corriendo hacia la selva.

Detective del lenguaje	**¿Qué función cumplen los paréntesis en la oración subrayada?**

Respuesta a la lectura

Resumir

Usa los detalles más importantes de *Limpieza de la selva* para resumir el cuento. Usa el organizador gráfico como ayuda.

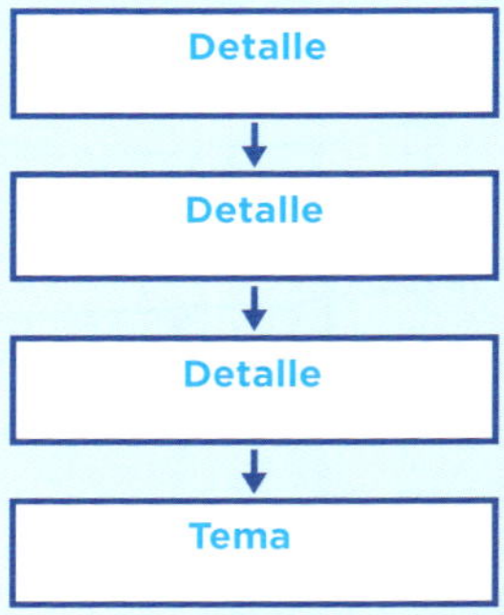

Evidencia en el texto

1. ¿Cómo sabes que *Limpieza de la selva* es ficción realista? Identifica una característica del cuento que te permita determinarlo. **GÉNERO**

2. ¿Cuál es el tema de *Limpieza de la selva*? ¿Cómo transmiten el tema las acciones de Juan en las páginas 10 y 11? **TEMA**

3. ¿Cuál es el significado de *entre* en el primer párrafo de la página 3? ¿Cuál es el otro significado de *entre* en el segundo párrafo de esa misma página? **HOMÓGRAFOS**

4. En el capítulo 4, los amigos de Miguel y su profesor reaccionan de diferente forma frente a él. Escribe cómo este cambio sustenta el tema del cuento. **ESCRIBIR SOBRE LA LECTURA**

Género Poesía

Compara los textos

Lee cómo seguir instrucciones te ayuda a lograr un sueño.

Corbatas a la plancha

José Antonio Ramírez Lozano
(poeta español)

Se toma un par de corbatas vivas
y unas tijeras de cocina
se les cortan las etiquetas.

Después se rocían
con un chorrito de aceite de oliva
y un puñado de sal de anís.

Poner a la plancha de cinco a diez minutos.

Las corbatas son deliciosas,
aunque hay quien, sólo con probarlas,
se le hace **UN NUDO EN LA GARGANTA**.

Bufanda al cuello

José Antonio Ramírez Lozano

(poeta español)

La bufanda es también un reptil comestible de hasta más de un metro de l a r g o.

No es nada recomendable hacerla al horno. Resulta mejor ponerla al c u e l l o.

Para eso, se toma la bufanda
y se coloca alrededor de la cabeza,
dándole una o más v u e l t a s.

Aunque su carne es fibrosa,
irá ablandándose con el c a l o r.

En el invierno está exquisita;
lo que se dice para taparse la b o c a.

Haz conexiones

En el poema "Corbatas a la plancha", las corbatas son una representación de nuestros sueños. ¿Qué podemos hacer para realizarlos? **PREGUNTA ESENCIAL**

¿Cómo se relacionan *Limpieza de la selva* y "Corbatas a la plancha"? **EL TEXTO Y OTROS TEXTOS**

Enfoque:

Elementos literarios

Rima y repetición No todos los poemas tienen rima y la rima no necesariamente está al final de la línea. Los poemas de verso libre no usan un patrón de una rima regular. Sin embargo, algunas veces los poetas usan una rima interna para darle ritmo al poema. Los poetas también usan la repetición para resaltar una idea importante.

Lee y descubre En "Corbatas a la plancha" no hay rima, pero las oraciones cortas invitan a la melodía del poema. En "Bufanda al c u e l l o" el autor separa algunas palabras, como c u e l l o, l a r g o y c a l o r. Esto hace que el lector se detenga en la lectura y detalle las palabras, obteniendo musicalidad y juego visual.

Tu turno

Escribe un poema corto, de máximo 20 palabras, que tenga rima y repetición. Utiliza al menos dos palabras para la rima y repite al menos una vez la palabra o la frase. Tu poema también necesita un significado y transmitir una idea, un pensamiento, una descripción o un sentimiento.